Kosmisch

Gary M. Forester

Die Römer

Ein Weltreich näher betrachtet

Lern- und Legematerial

Montessori-Reihe

www.kohlverlag.de

Die Römer

Ein Weltreich näher betrachtet

1. Auflage 2023

Inhalt: Gary M. Forester
Umschlagbild: © Serg Zastavkin, Alexandr – AdobeStock.com
Redaktion: Kohl-Verlag
Grafik & Satz: Kohl-Verlag
Druck: farbo prepress GmbH, Köln

Bestell-Nr. 15 073

ISBN: 978-3-98558-863-3

Bildquellen © AdobeStock.com

S. 5: Peter Hermes Furian, Mehmet, macondos, MicroOne, doom.ko, Balloge; **S. 7**: Archivist; **S. 9**: Massimo Todaro, Ruslan Gilman-shin, muratart; **S. 11**: Mehmet, Ruslan Gilmanshin, jaceks-photos; **S. 13**: Ruslan Gilmanshin, Raik; **S. 15**: Photocreo Bednarek, Masterlevsha (2x); **S. 17**: Malchev, velazquez, zwiebackesser, Alberto Masnovo; **S. 19**: woe, foto.fritz, Avril; **S. 21**: came-rawithlegs, Franz Gerhard, Davide Zanin, Roman; **S. 23**: Paolo Savagnago, Nikolai Sorokin; **S. 25**: WH_Pics, digitalmagus; **S. 27**: Tevziie, Liliya, Lensman300; **S. 29**: Erica Guilane-Nachez, nikhg, Massimo Todaro (2x); **S. 31**: kbarzycki, scusi, Kamil; **S. 33**: vladimir, Emmanuelle Combaud, miko

Bildquellen © wikipedia.com

S. 7: Roman_provinces_trajan, Numa_Pompillus, Tulius Hostilius; **S. 9**: Western_and_Eastern_Roman_Empires; **S. 13**: Diocretian Bueste, Konstantin_mit_Christogramm; **S. 23**: Limestor_Dal-kingen_Suedansicht; **S. 25**: Roemischer_meilenstein_juelich_2009

Inhalt

		Seite
Vorwort		3
... und so sieht es aus!		4
	Innensechsecke	5 - 6
1	Die Geschichte in Kürze	7 - 10
2	Wichtige Herrscher	11 - 14
3	Religion und Götter	15 -18
4	Kunst, Schrift und Ziffern	19 - 22
5	Die Spuren der Römer	23 - 26
6	Kämpfer und Sklaven	27 - 30
	Abschlussdreiecke	31 - 34

Vorwort

Mit diesem sechsstrahligen Montessori-Stern lernen die Schüler wichtige Seiten des Alten Roms kennen.

Sie erfahren das Wichtigste über die ehemals erfolgreichste Großmacht Europas: über die Meilensteine der geschichtlichen Entwicklung der Römer, ihre Religion und Götter, bedeutende römische Herrscher sowie noch existierende Zeitzeugnisse der langen Geschichte des Römischen Reiches. Das Material lässt sich zur selbstständigen Erforschung, aber auch zu Partner- und Gruppenarbeiten einsetzen. Die Farbzuordnung gibt Hilfe dazu. Fertig ausgelegt, entsteht ein sechsstrahliger Lernstern mit zahlreichen Legeteilen, die beidseitig bedruckt sind.

Das Material sollte für Vorder- und Rückseite passend ausgeschnitten werden. Es bietet sich an, die Seiten zuerst im Ganzen zu laminieren und anschließend die einzelnen Karten auszuschneiden. Laminiertes Material hält sich länger und kann so über viele Jahre durch viele interessierte Kinderhände gehen. Viel Freude und Erfolg mit diesen Seiten wünschen Ihnen und den Lernenden der Kohl-Verlag und

Gary M. Forester

... und so sieht es aus!

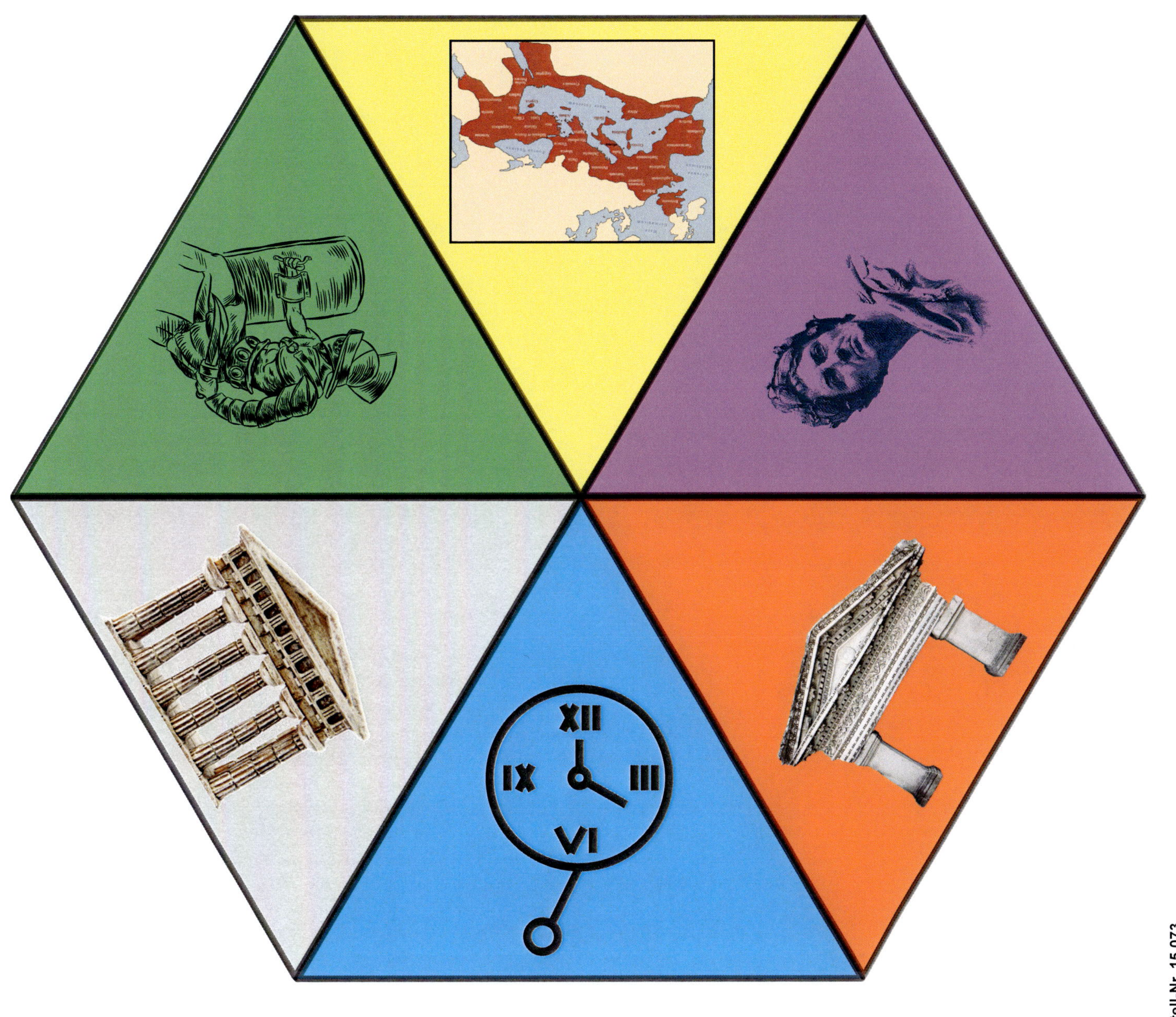
XII
IX
III
VI

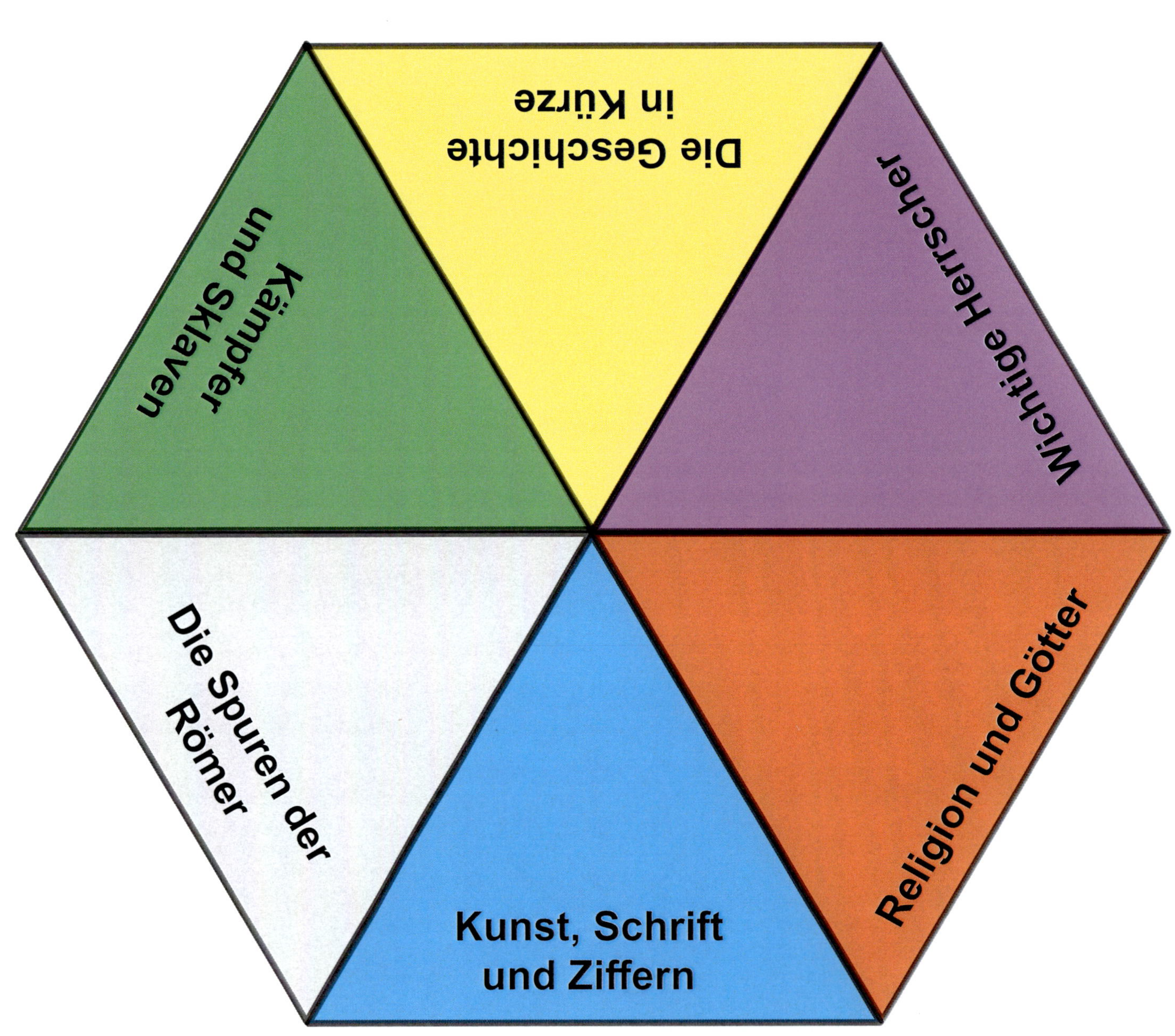

Die Geschichte in Kürze
Wichtige Herrscher
Religion und Götter
Kunst, Schrift und Ziffern
Die Spuren der Römer
Kämpfer und Sklaven

Wölfin mit Romulus und Remus

Römischer König Numo Pompilius

Das Römische Reich (lateinisch *Imperium Romanum*) wurde ca. 753 vor Christus gegründet und existierte etwa 1000 Jahre, dann wurde es aufgeteilt. Das Reich im Westen ist kurz darauf – etwa nach 100 Jahren – untergegangen. Das Reich im Osten bestand noch lange – bis ins Jahr 1453.

Die Römische Königszeit dauerte fast 200 Jahre – von 753 vor Christus bis 510 vor Christus. Über diesen Zeitraum der römischen Geschichte gibt es keine genauen Überlieferungen, nur Legenden. In dieser Zeit herrschten insgesamt 5 Könige. Der letzte König wurde vom Volk vertrieben. Der erste König war Romulus – Gründer von Rom.

Der Sage nach wurde Rom von den Zwillingen Romulus und Remus gegründet. Sie waren Kinder einer Königin und des Gottes Mars. Während eines Streits um die Macht sollten die Kinder getötet werden. Sie wurden aber im Wald ausgesetzt. Sie überlebten nur, weil sie von einer Wölfin ernährt wurden.

Im Senat

Erster Kaiser Roms: Augustus (Octavian)

Weströmisches und Oströmisches Reich

Byzanz – heute Istanbul in der Türkei

Im Jahr 27 vor Christus wurde das Römische Reich zu einem Kaiserreich. Die Kaiserzeit dauerte bis zum Jahr 285 nach Christus. Vorerst herrschte Frieden im Reich. Diesen nennt man auch *Pax Romana* (Römischer Frieden). Die Römer eroberten viele Gebiete. Auch kulturell spricht man von der „Glanzzeit des Römischen Reiches".

In der Zeit von 510 vor Christus bis 27 vor Christus existierte das Römische Reich in Form einer Republik.
Es gab keinen König, alle Beschlüsse über das Land gingen vom Ältestenrat aus.
In diesem Rat (lateinisch *Senat*) waren über 100 der wichtigsten und reichsten Männer des Landes vertreten. Bürgerkriege führten zum Zerfall der Republik.

Das weströmische Reich existierte nur 100 Jahre. Das oströmische Reich (auch *Byzantinisches Reich* genannt) dafür noch ca. 1000 Jahre. Der Untergang Roms zog sich über mehrere hundert Jahre hin und dauerte bis etwa zum Jahr 500 n. Chr. Der Zerfall wurde unter anderem durch die schlechte wirtschaftliche Lage bzw. die Völkerwanderung ausgelöst.

Im Jahr 395 nach Christus wurde Rom geteilt. Nach dem Tod von Kaiser Theodossius im Jahr 395 nach Christus teilte man Rom in 2 Teile: Westrom und Ostrom.
Es blieb weiterhin ein Staat, nur wurde er nicht von einem sondern von zwei Kaisern regiert.

Octavian
(* 63 v. Chr. – † 14 n. Chr.)

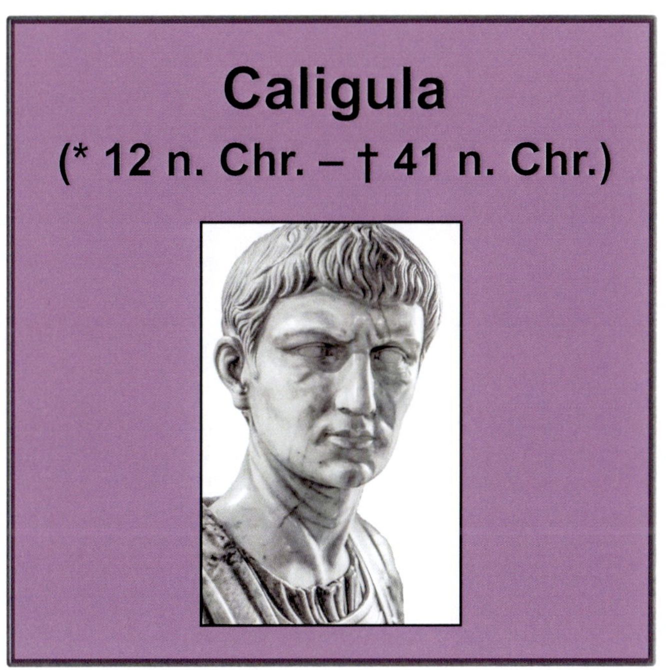
Caligula
(* 12 n. Chr. – † 41 n. Chr.)

Gajus **Julius Cäsar** (*100 - †44 vor Christus) war ein Staatsmann und Feldherr. Er eroberte Gallien (das heutige Frankreich) und viele andere Gebiete. Damals gab es viel Streit um die Macht in Rom. Cäsar handelte so, als ob er alles alleine entscheiden könne. Deshalb war er bei anderen Politikern unbeliebt und wurde schließlich ermordet. Aus seinem Namen entwickelte sich das Wort *Kaiser*.

Nach Cäsar begann die Römische Kaiserzeit. In diesem Zeitraum gab es insgesamt 171 Kaiser.

Caligula

Herrschaftszeit:
37 bis 41 n. Chr.

Im ersten Jahr von Caligulas Regentschaft waren die Römer mit ihm zufrieden: er senkte Steuern und gab schöne Bauten in Auftrag. Mit der Zeit aber übte er immer mehr Gewalttaten wie Kunstraub, Morde und Folter aus und galt als wahnsinniges Scheusal. Im vierten Jahr seiner Herrschaft wurde er während eines Theaterbesuchs ermordet.

Augustus (Octavian)

Herrschaftszeit:
27 v. Chr. bis 14 n. Chr.

Der erste Römische Kaiser war ein Großneffe von Julius Cäsar. Er kam nach Cäsars Tod an die Macht und ließ viele Gegner töten, weil er Alleinherrscher sein wollte. Bevor er sich zum Kaiser ernannte, hatte er viele Kriege geführt. Er schaffte es sogar, die Ägypter zu besiegen. Nach Augustus' Krönung herrschte ca. 250 Jahre lang Frieden (auch *Pax Romana* genannt).

Nero
(* 37 n. Chr. – † 68 n. Chr.)

Mark Aurel
(* 121 n. Chr. – † 180 n. Chr.)

Diokletian
(* um 240 n. Chr. – † 313 n. Chr.)
DIOCLETIANVS

Konstantin der Große
(* ca. 280 n. Chr. – † 337 n. Chr.)

Mark Aurel

Herrschaftszeit: 161 bis 180 n. Chr.

Währned seiner Herrschaft musste Mark Aurel mit vielen Problemen, vor allem mit der Pest und mit Grenzkonflikten, fertigwerden. Immer mehr Soldaten starben an der Pest und die Armee wurde schwächer. Die Überschwemmungen des Flusses Tiber führten zu Missernten und Hungersnot. Auch dies trug zum Niedergang des Römischen Reiches bei. Mark Aurel setzte sich für die Rechte von Frauen und Sklaven ein. Er war ein Philosoph, dachte viel über die Welt nach und schrieb ein Buch.

Nero

Herrschaftszeit: 54 bis 68 n. Chr.

Seine Rolle ist sehr umstritten. Die ersten fünf Jahre seiner Herrschaft gelten als die besten in der Römischen Geschichte. Die Preise waren niedrig, viele Spiele wurden veranstaltet. Mit der Zeit regierte er immer eigensinniger und gewaltsamer. Er ließ sogar seine Mutter ermorden und veranlasste die Christenverfolgung.

Konstantin der Große

Herrschaftszeit: 306 bis 337 n. Chr.

Zusammen mit dem Kaiser des westlichen Roms, Licinius, verbot er im Jahr 313 die Christenverfolgung. Häufige Angriffe der Perser und der Germanen zwangen Konstantin, die Hauptstadt in die Stadt *Byzanz* zu verlegen. Zu seinen Ehren wurde sie später *Konstantinopel* genannt.

Diokletian

Herrschaftszeit: 284 bis 305 n. Chr.

Diokletian hat die Stellen „Mitkaiser" und „Unterkaiser" eingeführt. Er wollte die Verantwortung für seine Kaiserherrschaft nicht allein tragen. Unter Diokletian wurden die Christen grausam verfolgt. Die römische Religion verlangte von ihnen, den Kaiser als Gott zu verehren. Jedoch verehrten sie nur *einen* Gott und keinen Menschen. Deshalb wurden sie verfolgt, verhaftet und getötet. Diese Zeit wird als „Ära der Martyrer" bezeichnet.

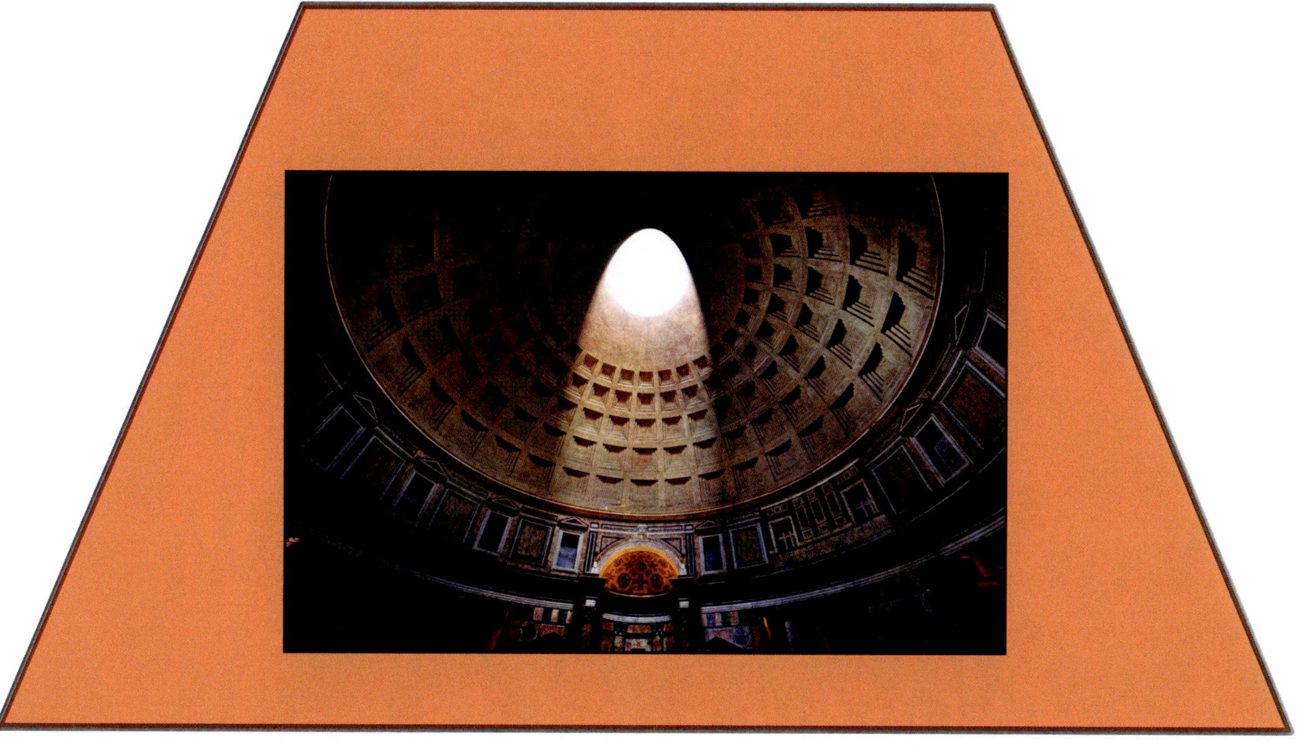

Göttin des Feuers
Vesta

Göttervater
Jupiter

Zu Beginn glaubten die Römer an Naturgötter und beteten z. B. Flüsse oder Feuer an. Später verehrten sie griechische Götter, denen sie dann römische Namen gaben. Für jeden Lebensbereich gab es einen bestimmten Gott oder eine Göttin. Der Aufgabenbereich lässt sich an den Dingen erkennen, den die Götterstatuen in den Händen halten. Jeder Römer musste der römischen Religion angehören und diese befolgen. Es gab viele Tempel für die Götter. Die Tempel galten als ihre Wohnungen, also durften nur Priester sie betreten.

Jupiter

Jupiter galt bei den Römern als Gott des Himmels und als Göttervater. Man erkennt ihn an einem Bündel mit mehreren Blitzen in der Hand und dem Adler als Zeichen der Macht. Nach ihm wurde der Planet Jupiter genannt. Bei den Griechen hieß er Zeus.

Vesta

Die Göttin des Feuers bzw. des Herds und Heims wurde besonders verehrt. Der Tempel zu ihren Ehren ist ein Rundtempel. In ihm brannte das Heilige Feuer der Vesta. Hier dienten immer sechs Priesterinnen, die das heilige Feuer im Laufe von vielen Jahren bewachten.

Gott des Krieges
Mars

Göttin der Liebe
Venus

Gott des Meeres
Neptun

Göttin des Sieges
Victoria

Venus
Die Göttin der Liebe und der Schönheit galt als die schönste unter allen Göttinnen. Sie wurde meistens nackt dargestellt. Man hielt sie für die Stammmutter der Römer. Ihre Symbole waren Gürtel, Delphin und Spiegel. Nach der Göttin Venus wurde der Nachbarplanet der Erde benannt.

Mars
Der Gott des Krieges war einer der 12 Hauptgötter Roms. Der Sage nach war er der Vater der Romgründer Romulus und Remus. Man erkennt ihn an den Kriegersymbolen wie Schwert, Schild und Helm. Nach diesem Gott ist der Planet Mars benannt.

Victoria
Die Göttin des Sieges war zugleich Schutzgöttin des römischen Kaisers und Hüterin des römischen Staates. Sie wird fliegend dargestellt und mit einem Lorbeerkranz in der Hand.

Neptun
Neptun war der Gott des Meeres und des fließenden Wassers. Er wohnte im Meer und regierte über die niederen Gottheiten. Die zu seinen Ehren erbauten Tempel standen oft an Flüssen und in Meeresnähe. Man erkennt Neptun an seinem Dreizack. Damit sollte er Erdbeben auslösen. Nach ihm wurde ebenfalls ein Planet benannt.

Kolosseum in Rom

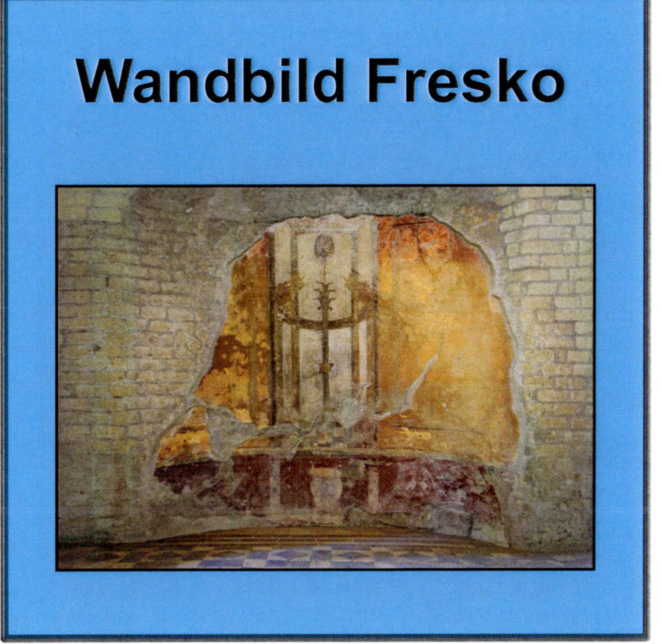
Wandbild Fresko

Die Kunst der Römer entstand aus den Einflüssen anderer Völker und Nachbarländer. Als Vorbild für die Architektur galten vor allem Kunstwerke der Alten Griechen. Vieles wurde einfach kopiert. Erst mit der Zeit entwickelten die Römer eigenständige Bauweisen: Thermen, Triumphbögen, Kirchen in der Art der Basilika usw.

Wandbild Fresko

Bunte Wandmalereien in den Häusern, Tempeln und Palästen waren in Rom sehr beliebt. Es gab eine besondere Maltechnik, die teilweise über 2000 Jahre bis heute erhalten blieb. Die Farbe der Bilder wurde auf den noch feuchten Putz der Wand aufgetragen. Der Putz trocknete mit der Farbe. So wurden Wandbilder (Fresken) besonders haltbar.

Amphitheater

Die ersten Amphitheater (offene Rundtheater mit der Bühne in der Mitte) wurden aus Holz gebaut. Später baute man sie aus Stein und Beton. Das größte (18 m breit und 156 m lang) war das Kolosseum in Rom. Es hatte 50.000 Sitzplätze.

Mosaik

Statue des Kaisers Marc Aurel

Die Schrift der Römer

Römische Zahlen

Öffentliche Bildwerke

Neben Standbildern von Gottheiten stellte man auf den Straßen und Plätzen auch Statuen der Mitglieder der Kaiserfamilie aus. Kunstwerke, auf denen z. B. der Kaiser zu Pferd oder auf dem Triumphwagen dargestellt wurde, stellte man in großer Menge her. Meist waren sie aus Marmor oder Bronze.

Mosaik

Die reichen Römer verzierten die Fußböden ihrer Häuser sowie Wände und Säulen in Tempeln mit Mosaiken. Das sind Bilder aus farbigen Steinchen. Beim Bau wurden die Steinchen in den noch feuchten Beton gelegt und so eingemauert. Die Mosaiken zeigten Pflanzenmuster, Tiere und Kampfszenen.

Römische Zahlen

Die Römer hatten nur sieben Zahlen, die aber eigentlich Buchstaben waren. Wir nennen sie heute die *Römischen Zahlen*. Die Zahlen hängten sie aneinander, so sah, z. B. die Zahl 17 so aus: XVII

I = 1 | V = 5 | X = 10 | L = 50

C = 100 | D = 500 | M = 1000

Sprache der Römer – Latein

Die Staatssprache im Alten Rom war Latein. Der Name kommt von der Region *Latium* im Zentrum von Italien. Die deutschen Buchstaben kommen aus dem Lateinischen. Viele unserer Wörter gehen auch auf die lateinische Sprache zurück. Die Römer haben alle Wörter klein geschrieben und es gab keine Lücken zwischen ihnen.

KOHL VERLAG Die Römer – Bestell-Nr. 15 073

Die Via Appia
Antica in Rom

Aquädukt – römische
Wasserbrücke

Die Römer haben nicht nur in Sprache und Justiz ihre Spuren hinterlassen. Sie haben viel gebaut. Manche ihrer Bauwerke haben 2 Jahrtausende gut überdauert. Von anderen sind nur wenige Steinblöcke übrig geblieben. Große Gebiete Deutschlands wurden von den Römern erobert und in das Römische Reich eingegliedert. Zum Schutz gegen Angriffe der Germanen verlief die Nordgrenze des Römischen Reiches durch Deutschland. Er hieß *Limes* und bestand aus Graben, Holzpfählen, Mauern und Wachtürmen. Der Limes hatte eine Breite von 60 Metern.

Aquädukt

Die Römer bauten besondere Bauwerke, um das Trinkwasser aus den Bergregionen in die Städte zu leiten.
Sie hießen *Aquädukte*, was Wasserleitung bedeutet, und wurden so gebaut, dass sie ein stetiges leichtes Gefälle hatten.

Straßennetz

Römische Fernstraßen waren gut ausgebaut und optimal durchdacht. Viele heutige Straßen verlaufen immer noch auf ihnen oder an ihnen entlang. Auch Straßen in manchen Städten, z. B. in Trier, wurden nach dem Vorbild der römischen Straßen gebaut.

Römischer Meilenstein bei Jülich

Ruine römischer Thermen

Erste gebundene Bücher

Julianischer Kalender

Thermen

Nicht in allen Häusern bzw. Wohnungen gab es Badezimmer. Die Römer badeten jedoch gerne und oft. Es gab große öffentliche Bäder, die man *Thermen* nannte. In die größte Therme passten 1600 Menschen. Außer normalen Baderäumen gab es eine Sauna, ein beheiztes Freibad sowie Liegeräume und einen Garten.

Alle Wege führen nach Rom

An wichtigen Straßen stellten die Römer einen *Miliaria* bzw. Meilenstein mit Richtungsinformationen auf. So wusste man immer die Entfernung von Rom oder anderen großen Städten. Die Distanz war in römischen Meilen angegeben.

(1 Meile entspricht etwa 1,5 km)

Julianischer Kalender

Julius Cäsar hat 45 vor Christus den alten römischen Kalender verändert und um einen Schalttag erweitert. Dieser Kalender trug seinen Namen und war bis 1582 gültig. Es gibt auf der Welt noch Kirchen, die ihn heute noch benutzen.

Gebundene Bücher

Die Bücher in ihrer heutigen Form wurden von den Römern erfunden. Das erste gebundene Buch hieß *Kodex*. Es bestand aus mehreren Lagen Wachstafeln oder Pergament (einer leicht bearbeiteten Tierhaut), die in der Mitte mit einem Faden stabilisiert wurden.

KOHL VERLAG Die Römer – Bestell-Nr. 15 073

Legionär –
römischer Soldat

„Schildkröten“-
Taktik

Die Geschichte des Alten Roms begann, als Rom noch ein Dorf war. Seit dieser Zeit weitete sich die Macht der Römer immer weiter aus. Sie vertrieben zuerst das Volk der Etrusker, dann die Gebiete rund um das Mittelmeer. Später herrschten sie auch über mehrere weitliegende Gebiete und machten sie zu Provinzen des Römischen Reiches. Für ihre Eroberungskriege brauchten die Kaiser eine gut vorbereitete Armee. Die Soldaten sollten nicht nur kämpferisch, sondern vor allem gut ausgebildet sein.

„Schildkröten"-Taktik

Ein Grund für die Erfolge in den Kriegen waren die Kampftaktiken der Armee. Eine ihrer Taktiken hieß „Schildkröte". Dabei standen die Soldaten dicht in einem Rechteck. Mit ihren Schilden bildeten sie einen durchgehenden Schutz: die außen stehenden Kämpfer hielten ihre Schilde an die Seite, die innen stehenden hielten sie über den Kopf. So hatten sie einen durchgehenden Schutz.

Legionär

Der größte Verband in der römischen Armee war eine Legion – eine Einheit aus ca. 5000 Soldaten. Jeder römische Bürger zwischen 17 und 46 Jahren musste als Legionär Kriegsdienst leisten. Legionäre trugen einen Helm und einen Schutzpanzer. Zur Ausrüstung gehörte auch ein Schutzschild, ein Dolch, ein Schwert und ein Wurfspeer.

Kriegsgefangene wurden zu Sklaven

Sklavenschild

Gladiator im Kampf mit einem Tiger

Gewinner und Verlierer

Sklaven
Jeder vierte Einwohner im Römischen Reich war ein Sklave. Sklaven konnte man verschenken, kaufen oder verkaufen, denn sie hatten gar keine Rechte. Auf dem Sklavenmarkt hatte jeder Sklave ein Schild um den Hals hängen, auf dem seine Fähigkeiten bzw. Stärken und Schwächen standen.

Kriegsgefangene
Durch die Eroberungskriege wurden viele Gefangene versklavt und nach Rom gebracht. Allein nach der Schlacht von Pydna haben die Römer ca. 700 000 Griechen gefangen und nach Rom gebracht. Man verkaufte sie auf Sklavenmärkten. Danach wurden sie Eigentum des Käufers.

Riskanter Beruf
Unter den Gladiatoren waren auch manche freien Bürger. Sie sahen den Kampf als Sport an oder wollten so zu Geld und Ruhm kommen. Als Gladiator musste man nur 3-mal im Jahr kämpfen und in der übrigen Zeit wurde man gut versorgt, z. B. mit Essen, Medizin oder Dienern. Aber es war ein riskanter Beruf, denn jeder fünfte Kampf endete tödlich.

Gladiator
Die Römer gingen gern zu Gladiatorenspielen, bzw. -kämpfen. Sie fanden in der Arena des Kolosseums in Rom statt. Ein Gladiator kämpfte gegen andere Gladiatoren oder gegen ein wildes Tier, z. B. einen Tiger. Meist waren es Sklaven oder verurteilte Verbrecher. Sie wurden in speziellen Schulen auf die Kämpfe vorbereitet.

Da, wo früher das mächtige Römische Imperium lag, befinden sich heute 40 Länder. Seine ehemalige Hauptstadt ist heute die Hauptstadt des Landes Italien und heißt weiterhin Rom.

Man nannte den römischen Kaiser auch *princeps* also „der Erste“. Damit war gemeint, dass er der erste Mann im Senat sei.

Nach den punischen Kriegen, in denen Rom gegen Karthago um die Macht am Mittelmeer kämpfte, wandten sich immer mehr gebildete Menschen von dem alten Glauben ab. Das führte zum Zerfall der römischen Religion.

Die römische Kunst nahm verschiedene Einflüsse anderer Kulturen auf, kombinierte und entwickelte sie weiter.

Triumph- oder Ehrenbögen baute man als Erinnerung an große militärische Erfolge. Man meißelte die Namen der Helden und Heldentaten, die zum Sieg führten, in die Bögen hinein.

Gladiatoren bekamen fast nur vegetarisches Essen. Meist waren es Gerichte aus Bohnen und Körnern.

olfgang Schmidt

ie Biene ... unter die Lupe genommen

enenvolk, Bienenfamilie, Entwicklung, Bienenstock, Bienenhonig ...
nalt: 20 A5-Karteikarten, 1 A5-Titelkarte, 1 Bildverzeichnis, 108 gekarten, (+ Würfelspiel mit Frage- und Aktionskarten als Download, Wabenspiel als Download)

2 3 4 5 6

RBIG | 30 Seiten | 24 059 | 19,80 €

olfgang Schmidt

as Jahr im Bodenkreis

hreszeiten und Monate in Form von Kreissegmenten als Kreis (Ø = 105 cm). hreszeitenspezifische Zeichnungen runden das Erscheinungsbild ab. Den telpunkt bildet die Sonne. Der innere Teil des Kreises zeigt die Jahres-ten. An diese schließen die Monatskarten an.

1 2 3 4

RBIG | 30 Seiten | 24 006 | 24,80 €

olfgang Schmidt

wiger Kalender Durchs Jahr mit dem Kalender

hreszeiten, Monate, Wochentage ... Lose Karten ergeben das Datum. Für tterbeobachtungen stehen Wetter- & Thermometerkarten zur Verfü-ng. Hinzu kommen Karten zu den Mondphasen und zu den Sternzei-en. Mit speziellen Geburtstagskarten für Geburtstagskinder ...

1 2 3 4 5 6

RBIG | 20 Seiten | 24 005 | 14,80 €

olfgang Schmidt

lendermaterial

Wort- und Bildkärtchen zu den Jahreszeiten und Monaten werden einander geordnet, die Anzahl der Tage der einzelnen Monate wird vermittelt und die der erfahren, woher die Monate ihren Namen haben.

1 2 3 4

RBIG | 13 Seiten | 24 016 | 13,80 €

lfgang Schmidt

astanien

s Legematerial beinhaltet die Beschreibung des Wachstumszyklus und der sonderheiten des Kastanienbaums. Neben Lese-, Frage- und Akti-skärtchen enthält es die detaillierte Beschreibung und Idee zu einem ssenden Würfelspiel.

1 2 3 4 5 6

RBIG | 35 Seiten | 24 017 | 22,80 €

lfgang Schmidt

ücken Architektur und Geschichte

stehung, Bautypen, Formen und andere wissenswerte Fakten werden hlich bebildert auf den Punkt gebracht und regen zur Vertiefung an. Das ema fasziniert die Kinder erfahrungsgemäß und sorgt für hohe Motivation!

3 4 5 6

RBIG | 17 Seiten | 24 033 | 13,80 €

lfgang Schmidt

le Länder in Europa

fangreiches Material mit vielen Arbeitsmöglichkeiten. So können die ematerialien auf verschiedenste Weise zusammengeführt werden r als Vorlagen für Ländersteckbriefe oder ein Länderheftchen für die nülerhand dienen.

3 4 5 6 7 8 9

RBIG | 68 Seiten | 24 007 | 55,80 €

lfgang Schmidt

nser Körper Körper, Pflege, Sinne

perteile werden vorgestellt, Sinneseindrücke den Sinnesorganen zugeord-Anhand des Themas Körperpflege werden Sätze gebildet. Auch auf den mbereich wird behutsam eingegangen.

1 2 3 4

RBIG | 30 Seiten | 24 004 | 18,80 €

lfgang Schmidt

erfamilien Tiervater, -mutter & -kind

Kinder lernen die Mitglieder mehrerer Tierfamilien und deren Bezeichnung nen (Hühner, Kühe, Pferde, Schafe, Schweine, Ziegen ...). Pro Familie gibt mehrere Karten. Das Legematerial eignet sich auch zum Quartett spielen.

1 2 3

RBIG | 14 Seiten | 24 035 | 10,80 €

Gary M. Forester

Der menschliche Körper

NEU ab Feb.

Band 1: Die Organe

Dieser Band lädt zu einer spannenden Reise durch den menschlichen Körper ein. Wissenswertes über die einzelnen Organe, deren Zusammenspiel und auch der mögliche Grund von Fehlfunktionen, werden erläutert. Das ansprechende Material enthält sowohl Informationen in Textform als auch eindrückliche Bilder, die den Inhalt noch klarer werden lassen. Der Lernstern, der am Ende entsteht, gibt eine gute Übersicht, über das erlernte Wissen. Wissensdurst und Neugierde der Schüler, bezogen auf dieses Thema, werden in einer sehr ansprechenden Weise befriedigt.

3 4 5 6 7 8 9 10

FARBIG | 32 S. | 15 077 | ab 15,99 €

Gary M. Forester

Der menschliche Körper

Band 2: Das Skelett

Der menschliche Körper besteht sowohl aus Organen als auch aus Knochen, das sogenannte Skelett. Es stützt den Körper und umrahmt und schützt dadurch die Organe. Als Beispiel sei hier das Gehirn genannt, welches vom Schädel geschützt wird. Ohne sein Skelett könnte der Mensch nicht aufrecht laufen. Viele Lebewesen besitzen ein Skelett. In diesem Band liegt der Fokus auf dem Skelett des Menschen. Dieses Legematerial, in Form eines Legesterns, bietet geeignete Bilder und informative Texte, die sowohl in Einzel- und Partnerarbeit das Erarbeiten dieses wichtigen Themas ermöglichen.

3 4 5 6 7 8 9 10

FARBIG | 32 S. | 15 078 | ab 15,99 €

Gary M. Forester

Die fünf Sinne

Legematerial zu den fünf Sinnen hören, riechen, sehen, schmecken und fühlen! Das ansprechende Material bietet neben zahlreichen Informationen in Textform auch eindrucksvolle Bilder und Wissenswertes über die Funktionsweise des jeweiligen Sinnes.

1 2 3 4 5 6

FARBIG | 32 Seiten | 15 020 | ab 15,99 €

Gary M. Forester

Von der Empfängnis zur Geburt

Die Phasen der Schwangerschaft

Kurze Infotexte und passende Bilder zu den Entwicklungsstadien sind in dem umfangreichen Legematerial zu einer spannenden Reise durch die Monate von der Empfängnis zur Geburt zusammengestellt. Wissensdurst und Neugier werden gestillt.

3 4 5 6 7 8

FARBIG | 48 Seiten | 15 005 | ab 17,49 €

Gary M. Forester

Die Entwicklung des Menschen

Von der Geburt bis zum Lebensabend

Die Entwicklung des Menschen spiralförmig dargestellt. Einzelne farbige Segmente bilden eine übersichtliche Entwicklungsspirale. Das farbige Material besteht aus Segmenten zur körperlichen Entwicklung ... und macht sie damit sichtbar!

3 4 5 6 7 8

FARBIG | 48 Seiten | 15 012 | ab 15,99 €

Gary M. Forester

Musikinstrumente entdecken

Blas-, Streich-, Zupf- und Tasteninstrumente sowie elektronische Instrumente und Schlag- & Rhythmusinstrumente werden sternförmig gelegt. Auf der Rückseite der jeweiligen Abbildungen sind knackig und kurz wichtige Informationen über das jeweilige Instrument zusammengefasst. Ein informativer und spannender Beitrag zum Musikunterricht.

3 4 5 6 7 8 9 10 11-13

FARBIG | 48 Seiten | 15 017 | ab 18,99 €

Gary M. Forester

Feuerwehr, Polizei & Co Helfer in der Not

Organisationen, die in Notsituationen und Katastrophenfällen Hilfe leisten, faszinieren Kinder. Welcher Aufgabe gehen Feuerwehr, Polizei und Rettungsdienst nach? Und was machen das THW oder der Katastrophenschutz? Dieser Legekreis liefert Antworten auf viele Fragen!

1 2 3 4 5 6

FARBIG | 40 Seiten | 15 019 | ab 17,49 €

Klasse: 1 2 3 4 5 6 7 8 9 10 11-13

Montessori-Legematerial

Klasse 1 2 3 4 5 6 7 8 9 10 11-13

Montessori-Legematerial

Gary M. Forester

Kartoffel

Was die „tolle Knolle" alles kann!

Brat-, Pell-, Ofenkartoffeln, Rösti, Puffer, Kroketten, Brei und natürlich Pommes – es gibt unzählige Varianten der Kartoffelgerichte, aber auch der Knolle, die wir zusammenfassend einfach Kartoffel nennen. Den Anfang der Geschichte macht ihre Einführung aus Amerika, gefolgt von dem Wissen, dass man nicht die Beeren, sondern die Knolle essen kann. Anbau und Ernte der Erdäpfel runden das Thema ab. Das beidseitig bedruckte Legematerial eignet sich ideal dazu, eines unserer Hauptnahrungsmittel näher kennenzulernen.

2 3 4 5 6 7 8

FARBIG | 32 Seiten | 15 052 | ab 14,99 €

Gary M. Forester

Getreide

Die sieben Getreidearten

Vom Samenkorn bis zum fertigen Produkt ... Die Getreidearten werden bildlich dargestellt, beschrieben und mit zahlreichen Infos versehen. Die Kinder erfahren auf diese Weise, woher Brot und Nudeln stammen, woher Popcorn kommt und vieles andere mehr. Das Legematerial bietet auf einen Blick eine ansprechende Übersicht.

2 3 4 5 6 7 8

FARBIG | 48 Seiten | 15 008 | ab 18,49 €

Gary M. Forester

Obst & Gemüse

Ein stetiger Wechsel

Ein stets aktuelles Thema und Grundnahrungsmittel: Obst und Gemüse! Die thematische Vielfalt wird hier anschaulich entwickelt und dargestellt. Das Marktangebot wird erkundet und heimisches Obst von anderen klimatischen Herkunftsregionen unterschieden. Gemüse wird nach essbaren Teilen wie Wurzel, Blatt, Stängel, Frucht usw. sortiert. Die ansprechende Übersicht lässt keine Wünsche offen!

1 2 3 4 5 6

FARBIG | 48 Seiten | 15 027 | ab 18,99 €

Gary M. Forester

Formen & Farben

So kann man Kunst begreifen!

Zahlreiche Farbkarten zum Ausschneiden und Legen in verschiedenen Formen, die z.B. für das Nachlegen des Farbkreises nach Itten, Hell-Dunkel-Abstufungen, Komplementärfarben oder zur Wahrnehmungsförderung genutzt werden können.

1 2 3 4 5 6

FARBIG | 48 Seiten | 15 002 | ab 15,99 € | FÖ

Gary M. Forester

Die Römer

Mit diesem Sechseck-Legestern erfahren die Schüler vieles über Alltagsleben der Alten Römer und kriegerische Seiten ihrer Geschic ihre Götter, die berühmtesten Persönlichkeiten, und natürlich über Errungenschaften. Das Material lässt sich zur selbstständigen E schung, aber auch zu Partner- und Gruppenarbeiten einsetzen. Die Farbzuordnungen geben Hilfe dazu. Fertig ausgelegt entsteht ein sechsstrahliger Lernstern mit zahlreichen Legeteilen.

FARBIG | 36 Seiten | 15 073 | ab 16,49 €

Gary M. Forester

Die Griechen

Mit diesem Sechseck-Legestern lernen die Schüler wichtige Seiten antiken Griechenlands kennen. So erfahren sie vieles über das Le der Alten Griechen, ihre Götter und Göttinnen, die berühmtesten Per lichkeiten, über bekannte Bauwerke und natürlich über die Anfänge Olympischen Spiele. Das Material lässt sich zur selbstständigen Erforschung aber auch zu Partner- und Gruppenarbeiten einsetzen. Fertig ausgelegt, entsteht ein sechsstrahliger Lernstern mit zahlreichen Legeteilen, die beidseitig bedruckt sind.

FARBIG | 36 Seiten | 15 074 | ab 16,49 €

Gary M. Forester

Die Ägypter

Mit diesem sechsstrahligen Legestern lernen die Schüler wichtige Se des Alten Ägyptens kennen. Sie erfahren das Wichtigste und Inte santeste aus der Geschichte des Reichs am Nil: über die Religior Alten Ägypten, die bedeutendsten Herrscher sowie noch existiere Zeitzeugnisse der ehemals bewundernswerten Hochkultur. Das Material lässt sich zur selbstständigen Erforschung aber auch zu Partner- und Gruppenarbeiten einsetzen. Fertig ausgelegt, entsteht ein sechsstrahliger Lernstern mit zahlreichen Legeteilen.

FARBIG | 36 Seiten | 15 075 | ab 16,49 €

Gary M. Forester

Die Steinzeit

Mit diesem Sechseck-Legestern erfahren die Schüler vieles über Lebensweise der Jäger und Sammler, ihre Ernährung, Kleidung Werkzeuge wie Pfeil und Bogen, über ihre Umwelt und Natur und die Errungenschaften und Zeugnisse der Wiege der Menschheit. Material lässt sich zur selbstständigen Erforschung, aber auch zu Partner- und Gruppenarbeiten einsetzen. Die Farbzuordnungen geben Hilfe dazu. Fertig ausgelegt entsteht ein sechsstrahliger Lernstern mit zahlreichen Legeteilen.

FARBIG | 36 Seiten | 15 076 | ab 16,49 €

Wolfgang Schmidt

Erdzeitalter

Die Geschichte der Erde

Wort-/Bildkärtchen von Tieren und Pflanzen aus den verschiedensten E chen des Erdzeitalters. 65 Fotos, die 11 Zeitabschnitten zugeordnet wer Zu den Motiven gibt es zusätzliches Material zum Legen und Auswendi nen!

FARBIG | 35 Seiten | 24 037 | 28,80 €

Religion

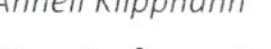

Anneli Klipphahn

Das Leben Jesu

Wunderschönes Lege- & Lernmaterial

Dieses Legematerial bietet einen Überblick über das Leben Jesu. Seine Worte und Taten gehören zusammen – deshalb ist es hilfreich, Jesu Begegnungen mit den Menschen, sein Handeln und seine gleichnishaften Reden im größeren Zusammenhang zu betrachten. Neben ansprechenden Illustrationen und Texten sind auch Bilder und Infos über das Land und die Lebenswirklichkeit der Menschen jener Zeit enthalten. Die einzelnen Elemente lassen sich auch einzeln nutzen. Die Werke ergänzen sich, es gibt keine Doppelungen.

3 4 5 6 7 8 9 10

Titel	Nr.	FARBIG
Das Leben Jesu	15 064	
Mit Jesus unterwegs	15 065	je 48 Seiten
Die 12 Jünger Jesu	15 063	ab 18,99 €

Gary M. Forester

Die zehn Gebote

Lern- und Legematerial in Kreisform

Die 10 Gebote sind die Richtschnur für eine christliche Lebensführung. Anhand eines Legekreises werden alle 10 Gebote eingeführt und mit Geschichten, Merksätzen, Beispielen und Bildern veranschaulicht. Durch Vorder- und Rückseite des Legematerials kann sich der Schüler eigenständig dem Thema widmen und sein Wissen auf spielerische Art selbst überprüfen.

3 4 5 6 7

FARBIG | 48 Seiten | 15 034 | ab 17,49 €

Gary M. Forester

Weltreligionen entdecken & begreifen

Eindrucksvolle Bilder und altersgerechte Darstellungen wesentlicher mente der Weltreligionen. Die Bilder auf der Vorderseite richtet sich an Kir die noch nicht lesen können oder an Kinder mit Inklusionsbedarf. Die T der Rückseite eignen sich zum Vorlesen und geben Anregungen für we Einsatzmöglichkeiten.

FARBIG | 32 Seiten | 15 014 | ab 14,99 €

Gary M. Forester

Die Schöpfungsgeschichte

Die Kinder legen einen siebenstrahligen Stern, der jedem einzelnen Tag Schöpfungsgeschichte entspricht. Land, Licht, Pflanzen, Tiere und der Mensch treten der Reihe nach in Erscheinung. Und am 7. Tage ruhte Gott ...

FARBIG | 48 Seiten | 15 021 | ab 15,99 €

Gary M. Forester

Das Kirchenjahr

Der Band bietet anschauliches Legematerial in Kreisform zum Kirchenj Neben faszinierenden Zeichnungen wird auf der Rückseite das jeweilige kindgerecht erklärt. Farbliche Unterlegungen heben einzelne Abschnitte wie z.B. Weihnachts- oder Osterzeit deutlich hervor.

FARBIG | 48 Seiten | 15 032 | ab 16,49 €